La tentation du Bien
est beaucoup plus dangereuse
que celle du Mal

La collection *Mikrós essai*
est dirigée par Jean Viard

Ouvrage édité par Nicolas Truong

www.editionsdelaube.com

ISBN 978-2-8159-4764-0

Boris Cyrulnik
Tzvetan Todorov

La tentation du Bien est beaucoup plus dangereuse que celle du Mal

Dialogue animé par Nicolas Truong

éditions de l'aube

Introduction

Boris Cyrulnik et Tzvetan Todorov ont traversé l'époque de manière singulière. Tous deux sont devenus des penseurs plébiscités et des observateurs engagés de nos sociétés. Le premier, né en 1937 dans une famille d'immigrés juifs d'Europe centrale et orientale, fut l'un des rares rescapés de la rafle du 10 janvier 1944 à Bordeaux et popularisa, bien des années plus tard, le concept de « résilience », cette capacité psychique à se reconstruire après un traumatisme. Le second, né en 1939 à Sofia (Bulgarie), rejoint Paris en 1963 et s'attache depuis les années 1980 aux questions mémorielles et au rapport à l'autre.

Boris Cyrulnik a publié *Ivres paradis, bonheurs héroïques* (Odile Jacob, 2016), ouvrage sur le besoin et la nécessité de héros pour vivre et survivre. Tzvetan Todorov a écrit *Insoumis* (Robert Laffont/Versilio, 2015), portrait de ces contemporains qui, tels Etty Hillesum ou Germaine Tillion, Malcolm X ou Edward Snowden, ont su dire « non » et fait preuve de résistance à l'oppression. L'un et l'autre ont connu le totalitarisme et cherchent à comprendre ce qui peut nous permettre de résister à la terreur. C'est pour ces raisons que *Le Monde* les a invités en 2016 à dialoguer sur la capacité des individus à basculer dans la « barbarie » ou bien à y résister, au moment où une Europe meurtrie par les attentats s'interroge sur son devenir. Affaibli par la maladie, Tzvetan Todorov s'était prêté à l'exercice de l'entretien avec une patience et une écoute infinies. Il s'est éteint le 7 février 2017.

C'est pourquoi nous publions également en fin d'ouvrage son portrait intellectuel, en guise de salut et d'hommage. Sa voix, toujours présente dans la douceur vive de ses dits et de ses écrits, marquera pour longtemps la vie de l'esprit.

Nicolas Truong

La tentation du Bien est beaucoup plus dangereuse que celle du Mal

Quels sont les héros qui vous ont aidés à vous structurer ?

TZVETAN TODOROV. – J'ai grandi dans un régime totalitaire communiste où les modèles pour les enfants étaient des personnages tels que Pavlik Morozov, un garçon qui avait dénoncé son père comme koulak et que sa famille avait tué pour cette raison. Ou alors des personnages qui avaient lutté contre le « joug turc » au XIXe siècle. Tout cela ne suscitait pas beaucoup d'échos en moi. Mais j'aimais et admirais beaucoup mes parents et mes amis. Arrivé en France à l'âge de vingt-quatre ans, j'avais contracté une méfiance généralisée envers tout ce que l'État défend et tout ce qui relevait de la sphère publique.

Mais, progressivement, j'intériorisais ma nouvelle situation de citoyen d'une démocratie – en particulier, une sorte de petit mur est tombé dans mon esprit en même temps que le mur de Berlin, ce qui m'a permis d'accéder aussi à cette sphère publique. Je ne me sentais plus conditionné par cette enfance et cette adolescence vécues dans un monde totalitaire. Néanmoins, je restais indifférent aux grands personnages héroïques, glorifiés dans le cadre communiste, et attaché à des individus tout à fait ordinaires qui ne cherchaient pas à sacrifier leur vie, mais témoignaient plutôt d'un souci quotidien pour les autres.

Deux personnages m'ont marqué particulièrement par leur parcours de vie et par leurs écrits. Dans *Vie et Destin*, ce roman épique sur la Seconde Guerre mondiale de l'écrivain russe Vassili Grossman [1905-1964], il y a une idée forte qui ne cesse de m'accompagner : la tentation du Bien est dangereuse. Comme le dit un personnage de ce livre, « là où se lève l'aube du

Bien, les enfants et les vieillards périssent, le sang coule », c'est pourquoi on doit préférer au Bien la simple bonté, qui va d'une personne à une autre.

La deuxième figure qui m'a beaucoup marqué, Germaine Tillion [1907-2008], ethnologue et historienne, résistante et déportée, je l'ai rencontrée quand elle avait quatre-vingt-dix ans, mais elle se portait comme un charme. Elle m'a ébloui non seulement par sa vitalité, mais par son cheminement : pendant la guerre d'Algérie, elle avait consacré toutes ses forces à sauver des vies humaines, de toutes origines, refusant d'admettre qu'une cause juste rende légitime l'acte de tuer. Vous voyez, mes héros ne sont pas des personnages héroïques. Mais plutôt des résistants.

Boris Cyrulnik. – Tzvetan Todorov a été élevé dans un régime certes totalitaire, mais aussi dans une famille et au sein d'institutions sociales, bien sûr très écrasantes, mais structurantes. Alors que ma famille a éclaté pendant le second conflit mondial. J'ai retrouvé après la guerre une tante qui m'a recueilli et un oncle qui s'était engagé dans la Résistance à l'âge de dix-sept ans. Mais pendant la guerre, je pensais que toute ma famille était morte. Seul, sans structure, sans famille, j'avais bien compris que j'étais condamné à mort. Arrêté à l'âge de six ans et demi par les nazis, j'avais clairement compris que c'était pour me tuer. Il n'y avait pas de doute. J'avais besoin des héros puisque j'étais seul. Je n'avais pas d'image identificatoire ni repoussoir. S'opposer, c'est se poser. Moi, je n'avais personne, juste le vide, je ne savais même pas que j'étais juif, je l'ai appris le jour de mon arrestation, et j'ai appris que ce mot condamnait à mort. Donc, j'ai eu une ontogenèse très différente de celle de Tzvetan Todorov.

Mon bourreau ne nous considérait pas comme des êtres humains. Et, dans mon esprit d'enfant, je me disais : « Il faut que je devienne physiquement fort comme Tarzan, et quand je serai fort comme Tarzan, j'irai le tuer. » Tarzan me servait d'image identificatoire. J'étais petit, j'étais rachitique – j'ai retrouvé des photos de moi après guerre, j'étais d'une maigreur incroyable –, donc je me disais : « Il faut que je devienne grand, il faut que je devienne fort et musclé pour que je puisse le tuer. » Donc Tarzan m'a sauvé.

Qu'est-ce qui fait qu'un individu s'attache plutôt à des héros bénéfiques ou bien à des héros maléfiques ? La tentation du Mal est-elle aussi puissante que la tentation du Bien ?

Tzvetan Todorov. – Pour moi, la tentation du Mal n'existe presque pas, elle est très marginale à mes yeux. Il existe sans doute quelques marginaux ici et là qui veulent conclure un pacte avec le diable et faire régner le Mal sur la terre, mais de ce point de vue, je reste plutôt disciple de Grossman, pour qui le Mal vient essentiellement de ceux qui veulent imposer le Bien aux autres. La tentation du Bien me semble donc beaucoup plus dangereuse que la tentation du Mal. Je dirais, au risque d'être mal compris, que tous les grands criminels de l'histoire ont été animés par le désir de répandre le Bien. Même Hitler, notre mal exemplaire, qui souhaitait effectivement le Mal pour toutes sortes de populations, en même temps espérait le Bien pour la race élue germanique aryenne à laquelle il prétendait appartenir. C'est encore plus évident pour le communisme, qui est une utopie universaliste, même si, pour réaliser cette universalité, il aurait fallu éliminer plusieurs segments sociaux de cette même humanité qui ne méritaient pas d'exister : la bourgeoisie, les koulaks, etc. Les djihadistes d'aujourd'hui ne me paraissent pas animés par le désir de faire le Mal, mais de faire le Bien, par des moyens que nous jugeons absolument abominables.

Pour cette raison, je préfère ne pas parler de « nouveaux barbares ». Parce que la barbarie, qu'est-ce que c'est ? La barbarie n'est pas l'état primitif de l'humanité : depuis les premières traces de vie humaine, on trouve aussi des preuves de générosité, d'entraide. De nos jours, les anthropologues et les paléontologues affirment que l'espèce humaine a su survivre et s'imposer, alors qu'elle n'était pas la plus forte physiquement, grâce à l'intensité de la coopération entre ses membres lui permettant de se défendre contre les menaces qui la guettaient. La barbarie, c'est plutôt le refus de la pleine humanité de l'autre. Or bombarder de façon systématique une ville au Moyen-Orient n'est pas moins barbare que d'égorger un individu dans une église française. Cela détruit même beaucoup plus de personnes.

Lors des attentats dont Paris a été victime dernièrement, on a sous-estimé l'élément de ressentiment, de vengeance, de représailles, qui était immédiatement mis en avant quand on a pu interroger ces individus ou dans leurs déclarations au moment de leurs actes. Ils n'agissaient pas de façon irrationnelle puisqu'ils pensaient atteindre les objectifs qui étaient les leurs en tuant indifféremment des personnes qui se trouvaient sur leur chemin : ils voulaient répondre à la guerre par la guerre, ce qui est une logique hélas répandue dans l'histoire de l'humanité.

Qu'est-ce qui fait que l'on bascule du côté de la tuerie au nom d'une idéologie ?

Boris Cyrulnik. – La bascule se fait lorsqu'on se soumet à la théorie du Un, comme le dit le linguiste allemand Victor Klemperer. Si l'on en vient à penser qu'il n'y a qu'un seul vrai dieu, alors les autres sont des faux dieux, ceux qui y croient sont des mécréants, des « mal-croyants » dont la mise à mort devient quasiment morale. Si on se soumet à la théorie du Un, on peut basculer. Le mot « barbare », en effet, ne convient pas. C'est dans la belle culture germanique de Goethe et de Kant que s'est déroulée l'une des tragédies les plus honteuses du XXe siècle. Le psychiatre américain Leon M. Goldensohn [1911-1961], qui, lors du procès de Nuremberg, expertisa la santé mentale des vingt et un accusés nazis, interrogea Rudolf Höss, le directeur du camp d'Auschwitz, qui lui répondit en substance : « J'ai passé à Auschwitz les plus belles années de ma vie. » Comment est-ce pensable ? Rudolf Höss poursuit : « Je m'entendais bien avec ma femme, j'avais quatre enfants que j'aimais beaucoup. » Dans *Les Entretiens de Nuremberg*[1], où figurent ces discussions, il y a même la photo de la maisonnette et du « bonheur » domestique du directeur du camp d'Auschwitz. « En même temps, poursuit-il, j'avais un métier bien difficile, vous savez, il fallait que je fasse disparaître, que je brûle dix mille corps par jour, et ça, c'était difficile, vous savez. »

Donc, l'expression que je propose pour comprendre ce phénomène paradoxal est celle de

1. Leon Goldensohn, Robert Gellatelly, *Les Entretiens de Nuremberg*, Paris, Flammarion, 2009.

« morale perverse ». Un individu peut être parfaitement éthique avec ses proches, qu'il cherche à défendre et à comprendre – ma femme, mes enfants, etc. –, mais les Juifs, ce n'est pas les autres, les Tziganes, ce n'est pas les autres, les Nègres sont des humains, mais ils sont inférieurs, donc on en fera de l'élevage. Il est moral d'éliminer les Juifs, comme il est moral de combattre la souillure d'une société pour que notre belle race blonde et aux yeux bleus aryens puisse se développer sainement. C'est au nom de la morale, c'est au nom de l'humanité qu'ont été commis les pires crimes contre l'humanité. C'est au nom de la morale qu'ont été commis les pires crimes immoraux. Morale perverse, donc : on est moraux avec ceux qui partagent notre monde de représentation et on est pervers avec les autres – parce que la définition de la perversion, c'est pour moi celle de Deleuze et de Lacan : est pervers celui qui vit dans un monde sans autre.

Tzvetan Todorov. – Le jugement moral se constitue à plusieurs niveaux successifs. Au départ, la distinction même du Bien et du Mal peut être absente, faute d'avoir entouré le petit être humain par des soins et de l'avoir protégé par des attachements. Le résultat de ce manque est le nihilisme radical. Le deuxième pas dans l'acquisition du sens moral consiste à dissocier l'opposition du Bien et du Mal de celle entre Je et Autrui ou entre Nous et les Autres ; l'adversaire, ici, est l'égoïsme ou, sur le plan collectif, l'ethnocentrisme. Enfin, le troisième degré consiste à renoncer à toute répartition systématique du Bien et du Mal, à ne pas situer ces termes dans une quelconque partie de l'humanité, mais à admettre que ces jugements peuvent s'appliquer aussi bien à nous qu'aux autres. Donc, à combattre le manichéisme du jugement.

À chacun de ces stades peut s'installer la perversité dont on parle. Il n'existe pas deux espèces d'êtres humains, les uns qui risquent de fauter et les autres, dont nous ferions partie, à qui ça n'arrivera jamais. D'un autre côté, si on s'ouvrait à une compassion universelle, on ne pourrait plus vivre, on devrait aider tous les sans-abri, tous les mendiants qu'on rencontre dans la rue, et partager avec eux ce qu'on a ; or on ne le fait pas et on ne peut le faire – sauf si on est un saint. Il y a une sorte d'équilibre qui doit s'établir entre la protection de soi et le mouvement vers autrui. Mais ignorer l'existence des autres, c'est cesser d'être pleinement humain.

Boris Cyrulnik. – J'étais emprisonné dans la synagogue de Bordeaux, ville où mille sept cents Juifs ont été raflés le 10 janvier 1944 par Maurice Papon. Il n'y eut que deux survivants, dont votre serviteur. Et j'ai retrouvé le fils et les petits-enfants de madame Blanché, la dame mourante sous laquelle je me suis caché afin d'échapper à la rafle, avec lesquels j'entretiens aujourd'hui des relations amicales. Oui, la vie est folle, c'est un roman.

Quand j'étais emprisonné, il y a eu un soldat allemand en uniforme noir qui est venu s'asseoir à côté de moi, un soir. Il me parlait en allemand et me montrait des photos d'un petit garçon. Et j'ai compris – sans comprendre sa langue – que je ressemblais à son fils. Cet homme avait besoin de parler de sa famille et de son enfant qu'il ne voyait pas, ça lui faisait du bien. On peut dire que j'ai commencé ma carrière de psychothérapeute ce soir-là ! Pourquoi est-il venu me parler ? Je l'ai compris en lisant Germaine Tillion, qui raconte que lorsque les nouvelles recrues de femmes SS arrivaient à Ravensbrück, elles étaient atterrées par l'atrocité du lieu. Mais dès le quatrième jour, elles devenaient aussi cruelles que les autres. Et quand Germaine Tillion donnait des « conférences » le soir à Geneviève de Gaulle et à Anise Postel-Vinay, elle les faisait souvent sur l'humanisation des gardiens du camp. Elle disait : « Ce qui nous faisait du bien, quand on voyait un gardien courtiser une femme SS, c'est que c'était donc un être humain. » Elle ne voulait pas diaboliser ceux qui la condamnaient à mort, elle voulait chercher à découvrir leur univers mental. Et c'est en lisant Germaine Tillion que je me suis dit : « Voilà, j'avais affaire à des hommes, et non pas à des monstres. » Parce que comprendre, c'est non pas excuser, mais maîtriser la situation. Arrêté à l'âge de six ans et demi, j'étais considéré comme *ein Stück*, une chose qu'on pouvait brûler sans remords, qu'on pouvait tuer sans culpabilité puisque je n'étais pas un être humain, mais *ein Stück*.

Donc, contrairement à ce que l'on entend souvent, notamment à propos du djihadisme, il faut chercher à le comprendre, et non pas refuser, par principe, à l'expliquer ?

Boris Cyrulnik. – Évidemment. La compréhension permet de lutter et d'agir. Par exemple, sur le plan psychosocial, le mot « humiliation » est presque toujours utilisé par ceux qui passent à l'acte. L'humiliation du traité de Versailles a été momentanément réelle parce que, pendant quelques années, les Allemands ne pouvaient pas reconstruire une société, tout ce qu'ils gagnaient partant en dommages de guerre pour la France. Mais les Allemands oubliaient de dire que dans les années 1920 – lorsque les politiques ont compris que ça empêchait l'Allemagne de se reconstruire –, il y eut un véritable plan Marshall pour aider leur pays à se reconstruire. Donc, le mot humiliation servit d'arme idéologique pour légitimer la violence des nazis – comme celle des djihadistes, d'ailleurs. Tous les totalitarismes se déclarent en état de légitime défense. Il leur paraît normal et même moral de tuer sans honte ni culpabilité.

Aujourd'hui, sur environ huit mille quatre cents fichés « S », rappelle une enquête du CNRS, on dénombre près de cent psychopathes. La psychopathie, ce n'est pas une maladie mentale, mais une carence éducative et culturelle grave. Ce sont des enfants qui n'ont pas été structurés par leur famille, ni par la culture, ni par leur milieu. Quand il n'y a pas de structure autour d'un enfant, il devient anomique, et l'on voit réapparaître très rapidement des processus archaïques de socialisation, c'est-à-dire la loi du plus fort. Michelet le disait : quand l'État est défaillant, les sorcières apparaissent. Cent psychopathes sur huit mille quatre cents cas, c'est la preuve d'une défaillance culturelle. C'est une minorité dans les chiffres, mais c'est une majorité dans les récits et l'imaginaire parce que le Bataclan, le Stade de France, Nice ou le 13 Novembre font des récits atroces et spectaculaires qui fédèrent une partie de ces meurtriers.

Tzvetan Todorov. – Très souvent, ces jeunes qui s'égarent dans le djihad cherchent un sens à donner à leur vie, car ils ont l'impression que la vie autour d'eux n'a pas de finalité. S'ajoute à leurs échecs scolaires et professionnels le manque de cadre institutionnel et spirituel. Quand je suis venu en France, en 1963, il existait un encadrement idéologique très puissant des jeunesses communistes et des jeunesses catholiques. Tout cela a disparu de notre horizon, et le seul épanouissement, le seul aboutissement des efforts individuels, c'est de devenir riche, de pouvoir s'offrir tel ou tel signe extérieur de réussite sociale. De façon morbide, le djihad est le signe de cette quête globale de sens. Il est la marque de cette volonté de s'engager dans un projet collectif qui frappe souvent des personnes qui jusque-là étaient en prison pour des petits vols et des menus crimes, mais qui cessent de trafiquer, de boire ou de fumer du haschisch pour être au service d'une doctrine vraie, de ce « Un » dont vous parliez tout à l'heure. Ils sont d'abord prêts à sacrifier la vie d'autrui, mais ensuite la leur aussi.

Y a-t-il des héros ou des contre-récits qui pourraient permettre de structurer davantage leur univers mental ?

Tzvetan Todorov. – Oui, je crois beaucoup à cette force du récit, qui est bien plus grande que celle des doctrines abstraites et qui peut nous marquer en profondeur sans que nous en soyons conscient. Ces récits peuvent prendre la forme d'images idéelles, comme Tarzan et Zorro pour Boris Cyrulnik. Mais il y en a beaucoup d'autres encore. Dans mes livres, j'essaie de raconter moi-même des histoires, que ce soit la conquête de l'Amérique ou la Seconde Guerre mondiale. Mais c'est un travail qui doit se répercuter dans notre culture politique et dans notre éducation. Dans une classe d'une école parisienne aujourd'hui, on trouve des enfants de quinze origines différentes. Comment, sans rire, leur parler de nos ancêtres les Gaulois ? Je ne pense pas pour autant qu'il faudrait leur enseigner l'histoire ou la mémoire des quinze nationalités qui se retrouvent dans cette classe. On doit leur apprendre une histoire de la culture dominante, celle du pays où l'on se trouve, mais de manière critique, c'est-à-dire où l'on n'identifie aucune nation avec le Bien ou le Mal. L'histoire peut permettre de comprendre comment une nation ou une culture peut glisser et basculer dans le Mal, mais aussi s'élever au-dessus de ses intérêts mesquins du moment et contribuer ainsi à une meilleure vie commune. Bref, sortir du manichéisme qui revient en force aujourd'hui.

Comment expliquez-vous ce qui apparaît comme une déprime collective française ?

Boris Cyrulnik. – Les conditions réelles d'existence d'un individu ont rarement à voir avec le sentiment de dépression. On peut avoir tous les signes du bien-être – emploi et famille stables – et déprimer. Et, à l'inverse, on peut vivre dans des conditions matérielles très difficiles et ne pas déprimer. Il n'y a pas de causalité directe de l'un à l'autre. On peut avoir un sentiment de tristesse et de dépression provoqué par une représentation coupée du réel. Dans ces moments-là, ce qui provoque la dépression ou l'exaltation, ce sont les fabricants de mots. Je voyage beaucoup à l'étranger et je vous assure que les gens sont étonnés par notre déprime, ils n'en reviennent pas. Ils disent : « Mais nous, on prend tout de suite la condition de vie des Français, on la prend tout de suite ! »

Tzvetan Todorov. – Pour quelqu'un qui a sillonné plusieurs pays, il y a en France un pessimisme, une déprime, une complaisance excessive à observer le déclin, que je m'explique par le fait qu'au XXe siècle la France est passée d'un statut de puissance mondiale à un statut de puissance de deuxième ordre. Cela conditionne en partie cette mauvaise humeur, constitutive aujourd'hui de l'esprit français.

Pourtant, les attentats et le retour du tragique de l'Histoire sur notre sol ont bel et bien miné le quotidien de chacun… La France serait-elle une nation résiliente ?

Tzvetan Todorov. – Je vois paradoxalement quelque chose de positif dans cette situation. Bien sûr, on ne peut se réjouir de l'existence de ces victimes en France. Mais il est salutaire de prendre conscience de la dimension tragique de l'Histoire, de ce que la violence n'est pas éliminée de la condition humaine juste parce que, en Europe, les États ne sont plus en guerre les uns contre les autres.

Boris Cyrulnik. – La réaction aux attentats a été magnifique à Paris, et honteuse à Nice. Les Parisiens et les Français se sont solidarisés pour signifier : « Nous ne nous soumettrons pas, mais nous ne nous vengerons pas. Ne nous laissons pas entraîner dans la spirale de la violence. » J'étais à Munich, le soir du Bataclan. Le lendemain, dans les rues, j'ai vu des manifestants de Pegida qui n'attendaient qu'un incident pour déclencher une ratonnade. À Nice, quand les familles musulmanes ont voulu se rendre sur les lieux du massacre pour se recueillir, on leur a craché dessus en criant : « Rentrez chez vous, sales Arabes. » Or ils sont chez eux puisqu'ils sont français. Par ailleurs, je ne comprends pas le mouvement de lutte contre l'islamophobie, qui fait des procès à ceux qui ont peur de l'islam et n'en fait pas aux assassins qui provoquent la peur de l'islam. Pour éviter les réactions racistes et s'opposer aux terroristes, il faut se rencontrer et parler. Plus on se rencontre, moins il y a de préjugés.

La signature humaine de Tzvetan Todorov

Portrait d'un humaniste sceptique et critique

par Nicolas Truong

C'est un grand intellectuel humaniste qui est mort à Paris, le 7 février 2017, à l'âge de soixante-dix-sept ans, victime des complications d'une maladie neurodégénérative. Sémiologue, critique littéraire, historien, anthropologue et essayiste, Tzvetan Todorov a traversé les tourments et les tournants intellectuels de l'ère postcommuniste. En dépit de sa discrétion, il est une mémoire du XXe siècle et une vigie du XXIe.

Né en 1939 à Sofia, en Bulgarie, Tzvetan Todorov passe son enfance sous un régime communiste qui le vaccinera durablement contre tout ce qui relève de la politique. Ancien chef des « petits pionniers » de son école, il perd sa « foi » militante au lycée bilingue russe de la capitale, en 1953, l'année de la mort de Staline.

En 1956, au moment du rapport Khrouchtchev et de la répression de l'insurrection de Budapest, il entre à l'université et se forme, comme tous les jeunes étudiants bulgares et soviétiques, aux rudiments du « *diamat* » (abréviation de « matérialisme dialectique ») et de la doctrine stalinienne. Pour son mémoire, il choisit d'étudier la littérature (bulgare). Une habile façon de se tourner vers la stylistique afin d'échapper aux carcans idéologiques. Il se passionne pour la poétique du folklore, des contes et des chansons populaires, loin des censeurs du Parti.

Au sein d'un cercle d'amitiés savantes, il se grise de réflexions sur la vie et la mort, le bien et le mal, le sens de l'existence, qui se finissent au bout de la nuit et d'interminables beuveries. Tolstoï, Dostoïevski, Tchekhov et les poètes russes comme Maïakovski nourrissent son imaginaire et son esprit prompt à vouloir « éclaircir le mystère de l'art d'écrire ». Comme il l'explique dans *Devoirs et délices, une vie de passeur* (entretiens avec Catherine Portevin, Seuil, 2002), « c'est ce besoin d'éviter l'idéologie qui est à l'origine de mon intérêt, au lendemain de mon arrivée en France, pour les formalistes russes ». Car Tzvetan Todorov parvient, en 1963, à quitter la Bulgarie, grâce à la générosité d'une tante paternelle.

L'ère du structuralisme

Admirateur de Piaf et de Montand plus que de Sartre et de Barthes, dont il ignorait presque tout, Tzvetan Todorov convertit sa passion en profession. Il cherche à savoir comment se fabrique la littérature. Non ce qu'elle dit, mais comment elle se fait. Et les formalistes russes, comme Chklovski, Tomachevski ou Propp, auxquels il consacre son premier livre, *Théorie de la littérature* (Seuil, 1965) lui permettent d'ouvrir tous les verrous des grands romans.

Rencontré à la Sorbonne, Gérard Genette devient son complice et le présente au groupe

Tel Quel, dirigé par Marcelin Pleynet et Philippe Sollers qui le publient. Influencé par Benveniste, Jacobson et Barthes, il s'adonne à la sémiologie, cette science qui suppose que le langage n'est qu'un système de signes. Tzvetan Todorov analyse les techniques narratives, la syntaxe, la grammaire plutôt que le sens moral des œuvres littéraires (*Poétique*, 1968). C'est la grande ère du structuralisme où l'on cherche le sens caché dans les codes, les signes, les structures de l'écriture ou des systèmes de parenté.

Dans sa thèse de troisième cycle, soutenue en 1966, il étudie ce que le choix de la forme épistolaire apportait aux *Liaisons dangereuses,* de Choderlos de Laclos. Charmé par le « grain de la voix » de Roland Barthes dans *La Chambre claire* (Gallimard, 1980), ouvrage dans lequel le célèbre professeur au Collège de France écrit vingt pages d'une rare émotion sur la mort de sa mère, Tzvetan Todorov le fréquente au sein de dîners réguliers avec Sollers et Derrida. Ses études formelles sur les genres et registres d'écriture, comme *Introduction à la littérature fantastique* (Seuil, « Points », 2015) ou son *Dictionnaire encyclopédique des sciences de langage* (Seuil, 1972), écrit avec Oswald Ducrot, deviennent vite des classiques.

Loin de la radicalité politique

L'effervescence de Mai 68 se cristallise à l'université expérimentale de Vincennes, où il n'enseigne pas – il fera sa carrière au CNRS, où il sera directeur de recherche –, mais où son approche de la littérature trouve un point d'ancrage. Tout comme au sein de la revue *Poétique*, qu'il crée avec Gérard Genette. Quant aux voluptés de la radicalité politique, si prisée par les intellectuels de cette époque, Tzvetan Todorov n'y goûte pas, immunisé par son enfance passée de l'autre côté du Mur. La doxa marxiste-léniniste est une « chape de plomb » qui pèse sur les « trente désastreuses »

(1945-1975) de la pensée française, pense-t-il, n'hésitant pas à qualifier le mouvement politique de Mai 68 « d'arrière-garde ».

Sur le plan universitaire, le risque de remplacer les œuvres par le méta-discours sur celles-ci guette. À partir de *Théories du symbole* (Seuil, 1977), Tzvetan Todorov s'éloigne du structuralisme et de son scientisme. Et il n'est pas surprenant que figure dans le livre phare de sa période humaniste, *Nous et les autres* (Seuil, 1989), une critique du relativisme de Claude Lévi-Strauss.

À partir des années 1980, Tzvetan Todorov s'intéresse à l'expérience de l'altérité. Car il est lui-même un « homme dépaysé » et non pas déraciné, explique-t-il dans un ouvrage au même titre, un « paysan du Danube » plongé dans un autre monde, un étranger naturalisé français en 1973 qui porte un regard neuf et perçant sur son pays d'accueil (*L'Homme dépaysé*, Seuil, 1996).

C'est avec *La Conquête de l'Amérique* (Seuil, 1982), où figure un Cortés peint en fils spirituel de Machiavel, mais aussi la Malinche, interprète aztèque du conquistador, que Tzvetan Todorov impose son anthropologie philosophique, ici du métissage culturel. Son universalisme de l'altérité – le philosophe Emmanuel Levinas disait « humanisme de l'autre homme » – culmine certainement avec *Nous et les autres* (Seuil, 1989), ouvrage qui combat à la fois le relativisme culturel et le culturalisme nationaliste qui commence à imposer son agenda.

Car Tzvetan Todorov préfère la modération à la radicalité, la mesure à véhémence, le dépaysement à l'enracinement. Au risque de se voir reprocher une certaine fadeur. Or, ce serait une erreur. Ceux qui le côtoient connaissent tous sa légendaire douceur, mais aussi son scepticisme critique et son regard aiguisé, voire acéré. « Permettez-moi d'être un peu sceptique » est sans doute son expression favorite, assure la romancière et essayiste Nancy Huston, qu'il rencontra dans les années 1978-1979 et avec qui il a deux enfants, Léa et Sacha, après avoir eu, d'une autre union, son premier fils, Boris. Todorov préfère les récits aux théories, et mêle portraits et essais.

Côté littérature, le changement ressemble pour beaucoup à un revirement. La littérature n'est pas un discours, mais une pensée qui véhicule des valeurs, explique Tzvetan Todorov. « Si on avait enseigné à ma fille seulement à faire la différence entre métaphore et métonymie, elle aurait pu être définitivement dégoûtée de la poésie ! » s'exclame celui qui fut membre du Conseil national des programmes lorsque celui-ci était dirigé par le philosophe Luc Ferry. Mais sans jamais céder à la « démagogie » des républicains conservateurs qui veulent avant tout sauver les lettres plus que se soucier des êtres. Todorov I contre Todorov II, donc, comme il s'en amusait lui-même : « Ce n'est pas grave si un élève sort du lycée sans connaître la différence entre focalisation interne et externe, c'est grave s'il ignore *Les Fleurs du mal* », déclare-t-il.

Saisir la « signature humaine »

Adieu la sémiologie, que seul, ou presque, son ami italien Umberto Eco portera jusqu'au bout avec panache et humour, s'intéressant à tous les signes et mythologies de notre modernité, comme les super-héros ou les smartphones. Au fond, s'il y a une continuité dans l'œuvre et le parcours de Tzvetan Todorov, elle est sans doute à chercher dans sa volonté de comprendre la « signature humaine » dans l'écriture vernaculaire, dans la littérature universelle, dans la peinture flamande, dans ses réflexions sur la naissance de l'individu, mais aussi dans les parcours de vie. C'est ce qui le mène à portraiturer ces individus exemplaires qui, comme Germaine Tillion ou Etty Hillesum, Nelson Mandela ou même Edward Snowden, sont capables d'insoumission et savent dire « non » (*Insoumis*, Robert Laffont-Versilio, 2015). En somme, Tzvetan Todorov passe de l'esthétique à l'éthique et s'attache au « sens moral de l'histoire » des œuvres et des vies.

La résistante française – qu'il connut et dont il défendit l'entrée au Panthéon – incarne au mieux, à ses yeux, cette façon de considérer que « la vie humaine n'a pas de drapeau », comme elle l'écrivait dans *Combat de guerre et de paix* (Seuil, 2007). Cette morale qui se fait parfois jour dans les camps du nazisme et du communisme n'a cessé de l'intéresser, non seulement en raison de son passé, mais également afin de penser le présent (*Face à l'extrême*, Seuil, 1991).

Car son humanisme est critique, à n'en pas douter. Et l'épilogue de son dernier livre, *Le Triomphe des artistes* (Flammarion, 2017), ne laisse aucun doute à ce sujet. Comme un retour à ses premières amours, Tzvetan Todorov revient sur ces auteurs qui, tels Pasternak et Malevitch, Maïakovski et Mandelstam, ont été pris dans le tourbillon de l'élan soviétique et les ravages du stalinisme.

La tentation du Bien est beaucoup plus dangereuse que celle du Mal

Fort de son expérience et de sa critique des systèmes totalitaires, Tzvetan Todorov met au jour les différences irréductibles, mais surtout les continuités entre totalitarisme et néolibéralisme. Car il y a dans l'uniformisation et le conformisme des sociétés occidentales des ressorts autoritaires, sans oublier ce messianisme politique dont témoigne la démesure interventionniste de l'Occident, mettant une partie du monde à feu et à sang.

Cette critique globale du régime démocratique était déjà présente dans *Mémoire du mal, tentation du bien* (Robert Laffont, 2000) : « Vouloir éradiquer l'injustice de la surface de la Terre ou même seulement les violations des droits de l'homme, instaurer un nouvel ordre mondial dont seraient bannies les guerres et les violences, est un projet qui rejoint les utopies totalitaires dans leur tentative pour rendre l'humanité meilleure et établir le paradis sur terre », écrivait-il. Avant de conclure avec sa morale provisoire d'humaniste sceptique :

Boris Cyrulnik
Tzvetan Todorov

« Il est possible de résister au mal sans succomber à la tentation du bien. »

Ainsi Tzvetan Todorov fait-il écho, cinquante ans après son premier livre sur les formalistes russes, à ces auteurs et ces artistes qu'il a tant lus, écoutés ou regardés. Pour en tirer une magnifique méditation sur l'histoire. Et une morale en forme d'autoportrait éthique et politique : « … si l'on veut défendre l'être humain contre les forces sociales qui le détruisent, il ne suffit pas de l'imaginer comme produit uniquement par des principes abstraits, mais […] il faut accepter de le voir porter les traces de son destin ».

La tentation du Bien est beaucoup plus dangereuse que celle du Mal

1er mars 1939	Naissance à Sofia (Bulgarie)
1963	Arrivée à Paris
1965	Publie *Théorie de la littérature. Textes des formalistes russes*
1973	Obtient la nationalité française
1982	*La Conquête de l'Amérique*
1989	*Nous et les autres*
1991	*Face à l'extrême*
1996	*L'Homme dépaysé*
2002	*Mémoire du mal, tentation du bien*
2007	*La Littérature en péril*
2012	*Les Ennemis intimes de la démocratie*
7 février 2017	Mort à Paris
14 février	Publication de *Triomphe de l'artiste. La révolution et les artistes. Russie 1917-1941*

Table des matières

Chez le même éditeur
(extrait)

Razika Adnani, Jean-Louis Bianco, Latifa Ibn Ziaten, avec José Lenzini, *Laïcité et islam, mission possible ?*

Bilel Ainine, Xavier Crettiez, *« Soldats de Dieu ». Paroles de djihadistes incarcérés*

Jean Claude Ameisen, avec Nicolas Truong, *Les chants mêlés de la Terre et de l'Humanité.* Illustrations de Pascal Lemaître

Vincent Aubelle, Émeric Bréhier, Jean-Paul Planchou, *Comment fonder la République décentralisée ?*

Christian Auboyneau (dir.), *Le seul progrès qui vaille, c'est l'accès au bonheur*

Nathalie Bastianelli, *Quand la Chine s'éveille verte…*

Tahar Ben Jelloun, *Un pays sur les nerfs*

Jean-François Bernardini, *L'autre Enquête corse*

Laurent Berger, avec Denis Lafay, *Au boulot !*
Laurent Berger, avec Denis Lafay, *Quelle société veut-on ?*
Eva Bester, avec Jérémie Peltier, *Une époque mélancolique ?*
Lucien Bianco, *La révolution fourvoyée. Parcours dans la Chine du xxe siècle*
Jean Blaise, Jean Viard, avec Stéphane Paoli, *Remettre le poireau à l'endroit*
Richard Bouigue, Pierre Rondeau, *Le foot va-t-il exploser ?*
Pierre Brémond, *Brèves de sport*
Antoine Bristielle, *À qui se fier ?*
Albert Camus, *La vie libre.* Illustrations de Pascal Lemaître
Isabelle Cassiers, Kevin Maréchal, Dominique Méda (dir.), *Vers une société post-croissance*
Samuel Chalom, Dominique Vidal, *Portraits d'une France à deux vitesses*
Sophie Chabanel, *Maraudes littéraires*
Bernard Chevassus-au-Louis, *Biodiversité : voir la vie autrement*
Pierre Clastres, *Archéologie de la violence. La guerre dans les sociétés primitives*
Daniel Cohen, *Contre la solitude sociale*
Pierre Conesa, *Guide du paradis. Publicité comparée des Au-delà* (existe en version illustrée par Pascal Lemaître)
Jonathan Curiel, *La société hystérisée*

Boris Cyrulnik, *La petite sirène de Copenhague*

Boris Cyrulnik, Edgar Morin, *Dialogue sur la nature humaine* (existe en version illustrée par Pascal Lemaître)

Boris Cyrulnik, Boualem Sansal, avec José Lenzini, *L'impossible paix en Méditerranée*

Julien Damon, *Qui dort dehors ?*

Julien Damon, *Inconfinables ? Les sans-abri face au coronavirus*

Caroline Dayer, *Sous les pavés, le genre*

Caroline Dayer, *Le pouvoir de l'injure*

Pascal Dibie, *Quelques pistes pour sentir venir le fascisme avant qu'il ne s'impose*

Pierre-Antoine Donnet, *Chine, le grand prédateur*

Pierre-Antoine Donnet, *Le leadership mondial en question*

Bertrand Duccini, *Djihadisme, une pornographie de la violence*

Éric Dupond-Moretti, avec Denis Lafay, *Le droit d'être libre*

François Durpaire, Béatrice Mabilon-Bonfils, *Fatima moins bien notée que Marianne… L'islam et l'école de la République*

Mahaut Fanchini, *Tous pourris ?*

Ismail Ferhat, *Des discriminations sous-estimées ?*

Jérôme Fourquet, *Accueil ou submersion ? Regards européens sur la crise des migrants*

Nicolas Goarant, *Le sommeil malmené*
Martin Gray, avec Mélanie Loisel, *Ma vie en partage*
Flora Ghebali, *Ma génération va changer le monde*
Salah Guemriche, *Chroniques d'une immigration choisie*
Laurence Hansen-Løve, *Simplement humains*
Malika Hamidi, *Un féminisme musulman, et pourquoi pas ?*
Ghada Hatem-Gantzer, avec José Lenzini, *Aux pays du machisme ordinaire*
Adeline Hazan, Adrien Taquet, *La prison, alpha et oméga de la punition ?*
Françoise Héritier, avec Caroline Broué, *L'identique et le différent*
Stéphane Hessel, avec Gilles Vanderpooten, *Engagez-vous !*
Stéphane Hessel, avec Edgar Morin et Nicolas Truong, *Ma philosophie*
François Hollande, Edgar Morin, avec Nicolas Truong, *Dialogue sur la politique, la gauche et la crise*
Patrick d'Humières, *Le réveil de la pensée européenne*
François Jullien, avec Nicolas Truong, *Pourquoi il ne faut plus dire « je t'aime »*. Illustrations de Pascal Lemaître
Valérie Jousseaume, *Plouc Pride. Un nouveau récit pour les campagnes*
Thierry Keller, Arnaud Zegierman, *Entre déclin et grandeur*
Vincent Aubelle, Samuel Bosc, Georges Képénékian (dir.), *Hippocrate et les territoires*

Étienne Klein, avec Denis Lafay, *Sauvons le Progrès*
Smaïn Laacher, *Ça me pèse. Obésité et corps embarrassant*
Smaïn Laacher, *Juger la terreur*
Smaïn Laacher, *Le fait migratoire et les sept péchés capitaux*
Philippe Lacoue-Labarthe, Jean-Luc Nancy, *Le mythe nazi*
Denis Lafay (dir.), *Maintenant, on fait quoi ?*
Denis Lafay (dir.), *Éloge de la fragilité*
Denis Lafay (dir.), *Pour une véritable communauté humaine*
Hervé Le Bras, *Serons-nous submergés ? Épidémie, migrations, remplacement*
Hervé Le Bras, *Se sentir mal dans une France qui va bien*
Hervé Le Bras, *Le sol et le sang*
Philippe Lemoine, *Une révolution sans les Français ?*
Roland Lescure, *Nos totems et nos tabous : dépassons-les !*
Raphaël LLorca, *La marque Macron*
Mélanie Loisel, *Ils ont vécu le siècle*
Gilles Luneau, *Steak barbare*
Béatrice Mabilon-Bonfils, Geneviève Zoïa, *La laïcité au risque de l'Autre*
Denis Maillard, *Indispensables mais invisibles ?*
Claire Marin, avec Nicolas Truong, *Vivre autrement*
Noël Mamère, avec Stéphanie Bonnefille, *Les mots verts*
Gauthier Marchais, *Le déni blanc. Penser autrement la question raciale*

Claude Martin, *La diplomatie n'est pas un dîner de gala*
Damon Mayaffre, *Macron ou le mystère du verbe*
Dominique Méda, *Travail : la révolution nécessaire*
David Medioni, *Éloge de la séduction*
David Medioni, *Être en train. Récits sur les rails*
Yves Michaud, avec Denis Lafay, *Aux armes citoyens !*
Arnauld Miguet, *133 jours à Wuhan avec un chien, un chat et la peur au ventre*
François Miquet-Marty (dir.), *Réinventons le progrès !*
Robert Misrahi, avec Denis Lafay, *Petit manuel de bonheur à l'usage des entrepreneurs… et des autres.* Illustrations de Pascal Lemaître
Danielle Mitterrand, avec Gilles Vanderpooten, *Ce que je n'accepte pas*
Nicolas Monceau, *Turquie : un dilemme européen ?*
Chloé Morin, *Les inamovibles de la République*
Chloé Morin, Daniel Perron, *Être vieux : relégation ou solidarité ?*
Edgar Morin, avec Nicolas Truong, *Attends-toi à l'inattendu*
Edgar Morin, *Culture et barbarie européennes*
Edgar Morin, *L'entrée dans l'ère écologique*
Edgar Morin, avec Denis Lafay, *Le temps est venu de changer de civilisation.* Illustrations de Pascal Lemaître
Edgar Morin, *La Marseillaise.* Illustrations de Pascal Lemaître

Edgar Morin, *Où est passé le peuple de gauche ?*

Edgar Morin, *L'esprit du temps*

Edgar Morin, Pierre Rabhi, avec Denis Lafay, *Frères d'âme*

Anne Muxel, *Politiquement jeune*

Gérard Noiriel, avec Nicolas Truong, *Les Gilets jaunes à l'épreuve de l'histoire*

Fabrice Olivet, *Au risque de la race*

Michel Onfray, *La parole au peuple*

Erik Orsenna, *Les vérités fragiles* (existe en version illustrée par Pascal Lemaître)

Serge Paugam, *Vivre ensemble dans un monde incertain*

Daniel Perron, *La forêt française*

Pascal Picq, avec Denis Lafay, *Une époque formidable*

Pascal Picq, avec Denis Lafay, *S'adapter ou périr. Covid-19 : faire front*

Pascal Picq, avec Denis Lafay, *Crise, et si c'était notre chance ?*

Sandrine Prévot, *Inde. Comprendre la culture des castes*

Sandrine Prévot, *L'Inde, une société de réseaux*

Alexandra Profizi, *Le temps de l'ironie*

Sarah Proust, *Télétravail : la fin du bureau ?*

Pierre Rabhi, *La part du colibri* (existe en version illustrée par Pascal Lemaître)

Pierre Rabhi, avec Denis Lafay, *J'aimerais tant me tromper*. Illustrations de Pascal Lemaître

Hubert Reeves, *Parmi des millions*. Illustrations de Pascal Lemaître

Hubert Ripoll, *L'oubli pour mémoire*

Iannis Roder, *Prof, mission impossible ?*

Pierre Rondeau, *Fin de partie pour le foot ?*

Olivier Roy, avec Nicolas Truong, *La peur de l'islam*

Jean-Christophe Rufin, avec Denis Lafay, *Compostelle, en Chemin vers soi*. Illustrations de Pascal Lemaître

Laurent-David Samama, avec Jérémie Peltier, *Éloge de la défaite*

Laurent-David Samama, *Footporn*

Marlène Schiappa, *La culture du viol*

Marlène Schiappa, Jérémie Peltier, *Laïcité, point !*

Marlène Schiappa, *Le deuxième sexe de la démocratie*

Marlène Schiappa, *Une & Indivisible*

Céline Schoen, *Parents de djihadiste*

Robert Solé, *L'envers des mots*

Benjamin Stora, avec Thierry Leclère, *La guerre des mémoires*

François de Singly, *L'individualisme est un humanisme*

Hubert Testard, *Pandémie, le basculement du monde*

Alain Touraine, avec Denis Lafay, *Macron par Touraine*

Michel Troisgros, avec Denis Lafay, *Le plaisir de faire plaisir*

Nicolas Truong (dir.), *Résistances intellectuelles*

Nicolas Truong (dir.), *Résister à la terreur*
Nicolas Truong (dir.), *Le crépuscule des intellectuels français*
Nicolas Truong (dir.), *Philosophie de la marche*
Nicolas Truong (dir.), *Les penseurs de l'intime*
Adèle Van Reeth, *Vivre et revivre encore*
Agnès Vannouvong, *C'est quoi ton genre ?*
Pierre Veltz, *La France des territoires : défis et promesses*
Pierre Veltz, *Paris, France, monde*
Jean Viard, *La révolution que l'on attendait est arrivée*
Jean Viard, *La page blanche*
Jean Viard, *Le sacre de la terre*
Jean Viard, *Un nouvel âge jeune ?*
Jean Viard, *Le triomphe d'une utopie*
Jean Viard, *Nouveau portrait de la France*
Guillaume Villemot, *Quand le mépris devient la règle*
Olivier Weber, *Si je t'oublie Kurdistan*
Olivier Weber, *Massoud, le rebelle assassiné*
Patrick Weil, *Être français* (existe en version illustrée par Pascal Lemaître)
Jean Ziegler, avec Denis Lafay, *Les murs les plus puissants tombent par leurs fissures*

La Clairière des LIVRES

Pour chaque titre d'un livre imprimé, un arbre est planté dans une forêt de 15 hectares en Centre Bretagne.

www.typolibris.fr (by Printcorp)

Pour limiter l'empreinte environnementale
de leurs livres, les éditions de l'Aube
font le choix de papiers issus de forêts
durablement gérées et de sources contrôlées.

Achevé d'imprimer en janvier 2022
sur les presses de l'imprimerie Printcorp
pour le compte des éditions de l'Aube
331, rue Amédée-Giniès, F-84240 La Tour d'Aigues

Numéro d'édition : 4765
Dépôt légal : février 2022
Numéro d'impression : 21120308

Imprimé dans l'Union européenne